叙事詩

宇宙からの伝言

紀の﨑 茜
Kinosaki Akane

文芸社

プロローグ

本書で語るものは、全てアカシック・レコードからの伝言です。

アカシック・レコードとは、宇宙の誕生から終末までを記録した宇宙の図書館のようなものと伝えられていますが、場所を示すものではなく、意識の存在を示すものです。

私は、夫の死後、夫から信号が送られてきました。

このことは、私の前著『星が教えたもの』（文芸社）で説明ずみなので、ここでは省略させていただきます。

二〇一九年、夫は息を引き取りました。そして夫の信号がきっかけとなり、アカシック・レコードとも交信ができるようになったのです。

アカシック・レコードの伝言は、私たち人間がどう生きるかの貴重な指針となるでしょう。

ここに挙げた伝言は、神話や英雄伝説を語るものではありませんが、敢えて私の独断で叙事詩と致しました。

アカシック・レコードの了承も得ております。

叙事詩
宇宙からの伝言

詩　アカシック・レコード
訳　紀の﨑 茜

わたしは
黄金の光

宇宙に
意識となって
存在する

霊感の強いある人間の言葉を借り
伝言する

*

宇宙は
生命体

宇宙には二千億の星があり
その中の地球には
七十億の人間がひしめく

その人間には
ほぼ六十兆個の細胞がいる

人間も
小さな宇宙だ
そして一つ一つの細胞にも
ミクロの宇宙がある

宇宙とは
マクロからミクロへと連なる

広大無辺の存在である

*

魂は
光だ

霊性の高い魂は

オレンジの光から
黄金の光へと変わる

光となった魂は
多くの苦しみを体験している

苦しみは
魂を磨くためにある
苦しめば苦しむほど
その人間の魂は

さんさんと輝く
苦しみを
怖れてはならない

*

亡くなった魂は

墓にはいない
しかし
墓参りは大切である
亡き魂は
墓参りに来た人のそばで
感謝している

先祖を思うことも大切である
生きてここにあることは
先祖のおかげに他ならない

*

魂は
眠らない
眠らなくても疲れを知らない
それが当たり前と思っている

人間に戻りたいかと聞くと
きまって嫌だと答える
生前の苦しみを思い出すのだ

＊

全ての魂に
光があるとは限らない

霊性の低い魂は
くすんでいる
老いた姿も
わたしから見ると
丸見えである

＊

宇宙には
亡くなった人間の魂以外に
もともと人間ではない魂も存在する
それは精霊の類いである
時にそういった存在が
人間に降りてくると
人間の友人となり
人間に生きる知恵を授ける

*

魂は
意識を持っている
この意識は
場所も時間も関係のない
時空を超えた存在である

宇宙は
全てこの意識でできている

その根っこには
愛があるのだ

全ての生きとし生けるもの
さらに生きていないもの
空とか海
風や光
さらに石ころに至るまで
必ず愛の思いが隠されている

宇宙は願っているのだ
全ての意識が
愛の存在に
気づくことを——

*

神は存在しないと思っていた
それが間違いだと思い知らされた
ある霊魂に告げられたのだ
神は存在し
その神は女神であると――

*

神を信じるようになってから
人間が求める真理というものが
神の中にあると思うようになった
強いて言えば
神そのものが真理なのだ

＊

人間は錯覚する

自己犠牲は尊いものと
童話にも描かれていて
感動するが

よく考えてみると
他人の命も
自分の命も
同じように尊いのに

命は
永遠の中にあり
切っても切っても
死なないのだ

自己犠牲を尊いと思うのは
人間の錯覚である

*

人間は
宇宙が
自分たちの外にあると思っている
地球も宇宙の真っ只中にあるのに

それでも
宇宙へと

ロケットを飛ばすのだ
幸せが遠くにあると思うように

アメリカは
アームストロング船長が
月面に着陸したと報じたが
真っ赤な嘘である
船長は
決して月面に着陸せず
後に悩み果てた末

敬虔なキリスト教徒となった

*

もう一つ誤りがある
織田信長のことだ
本能寺で焼死はしていない
秘かに逃れて

四国の高知に渡り
美しい村娘と結ばれ
子孫を残している

歴史は
いつのまにか
創作される

思い出さえも
創作する

人間は
そのことに気づかない

*

夕焼けが見えるのは
夕日が沈むのではなく
地球が動いているからだ

美は
人間の錯覚によって生まれる

ご存知だろうか
火星の夕焼けは
澄みわたった空のように
真っ青なのだ
しかしその美しさを
見る人間はいない

*

音楽は美しい
しかし
もっと美しいものがある
音のない

言葉のない
魂が歌う
　　無音——

＊

聖地は

神社にあるとは限らない
精霊の棲む
山川草木の
自然の中にある

*

人間の霊性が高まると

その家が聖地になる

何千何万の
苦しみ抜いた魂が
安らぎを求めて
その家にやってくる

その中に
新型コロナウイルスで
亡くなった人間の魂もいて

死後も苦しみが残っている

そこで
儀式が行なわれるのだ

霊性の高い人間の手によって
芳香剤を部屋のすみに振りかける
芳香剤は
御清めの役目を果たす

苦しむ魂たちは
たちまち癒されて
喜んで帰ってゆく

儀式は
暗示であり
魔法である

芳香剤は
魔除けの効果も絶大である

玄関先に
二・三回振りかけるのも良い方法だ

＊

人間には
それぞれ役目がある

画家は絵を描き
音楽家は作曲し演奏し
詩人は詩を書く

さらに
どんな小さなことでも
人間には役目がある

掃除をしたり
料理をしたり

食事の前に
「いただきます」と言い
食事の後に
「ごちそうさま」と言う
これも生きものへの感謝であり
人間の役目である

使命とは
文字通り
いのちを使って

役目を果たすことである

*

温暖化が進む地球
そこで人間は考える
月や火星に移住しようと

しかし
砂漠のような月
砂あらしが吹きまくる火星
とても住めたものではない

それよりも
住み良い地球にするように
真剣に考えるほうが得策である

地球以外で

人類が住む星は
たった四つ

この星たちは
苦しみを通りすぎたユートピア
地球はいつそうなるか
人間の行動にかかっている

*

これからは
教育も必要だが
独学するのも良い

他人にあまり頼らず
必死に考えてゆくと
突き当たるものがある

独学は
想像であり
発見へとつながる

*

人間は呟く

我々は
どこから来て
どこへ行くのか

しかし
どこからも来ない
どこへも行かない
ずっとこのままここにいる
これが永遠の姿である

そして
死は
永遠への目覚めなのだ

眠りは
死から目覚める練習である

*

宇宙の終末は
何億年先とか
何兆年先とか
数字で表すものではない
正確に言えば
永遠が消えることだ

果たして永遠は消えるだろうか
わたしはそうは思わない

宇宙の誕生から終末までを記録したのは
実はわたしではない
人間がわたしの名を借りて記録したのだ

宇宙に終末はない
永遠が存在するだけである

*

生と死がめぐるように
永遠もまためぐりめぐるのだ

終りと始まりのない世界の中で
花が咲き
小鳥が囀り
風が渡り
光がさんさんと輝く

永遠は
今の中にある
掴み給え
永遠の一刻を

*

エピローグ

アカシック・レコードの伝言は、私の生き方を一八〇度変えました。

私という存在が、永遠の真っ只中にあって、永遠に生きつづけることを確信させたのです。

私は夕焼けが好きです。夕焼けも永遠の中にあると思うと、夕焼けの一刻がとても愛おしく思えてくるのです。

しかし逆に、風の音や雨の音を聞いていると、風や雨が永遠の中をさ迷っている気がしてなんだか悲しくなります。

私も永遠の中をさ迷っているのでしょうか。

アカシック・レコードの伝言は、私にさまざまな思いをもたらしました。

最後までごらんくださいましてありがとうございました。

二〇二一年六月二十日

紀の崎　茜

著者プロフィール

紀の﨑 茜（きのさき あかね）

本名　内田紀久子
1935年和歌山県に生まれる
桜蔭高校卒
日中学院で中国語を学び中国語教師となる
千葉県中国語弁論大会で優勝
第一回旭いいおか文芸賞入選
第二回旭いいおか文芸賞の特別賞を受賞
詩人・宗左近先生に師事
レイキ・ヒーリング・ティーチャー

著　書

エッセイ集『魂は赤紫がお好き』（文芸社）
詩集『夢のむこう』（書肆とい）
詩集『魂っぽい』（ふたば工房）
少年詩とエッセイ『幸福な空き地』（宮坂印刷）
翻訳『斑竹姑娘』（宮坂印刷）
少年詩集『地球に生まれて』（宮坂印刷）
翻訳『李清照詞選訳』（ふたば工房）
短詩集『ちきゅうぼし』（らくだ出版）
エッセイ集『幻想は魂の音楽』（宮坂印刷）
エッセイ集『うたの森』（宮坂印刷）
エッセイ集『永遠の音』（宮坂印刷）
エッセイ集『霊界はこの世にあった』（文芸社）
エッセイ集『星が教えたもの』（文芸社）

叙事詩　宇宙からの伝言

2021年７月15日　初版第１刷発行

著　者　紀の﨑 茜
発行者　瓜谷 綱延
発行所　株式会社文芸社
〒160-0022　東京都新宿区新宿１－10－１
電話　03-5369-3060（代表）
03-5369-2299（販売）

印刷所　株式会社フクイン

ISBN978-4-286-22864-8

郵便はがき

料金受取人払郵便

新宿局承認

3971

差出有効期間
2022年7月
31日まで
(切手不要)

160-8791

141

東京都新宿区新宿1－10－1

(株)文芸社

愛読者カード係 行

ふりがな お名前		明治　大正 昭和　平成　　年生　歳	
ふりがな ご住所	□□□-□□□□	性別 男・女	
お電話 番　号	(書籍ご注文の際に必要です)	ご職業	
E-mail			
ご購読雑誌(複数可)		ご購読新聞 新聞	

最近読んでおもしろかった本や今後、とりあげてほしいテーマをお教えください。

ご自分の研究成果や経験、お考え等を出版してみたいというお気持ちはありますか。

ある　　ない　　内容・テーマ(　　　　　　　　　)

現在完成した作品をお持ちですか。

ある　　ない　　ジャンル・原稿量(　　　　　　　　　)

書　名					
お買上 書　店	都道 府県	市区 郡	書店名 ご購入日	書店 年　月　日	

本書をどこでお知りになりましたか?

1.書店店頭　2.知人にすすめられて　3.インターネット(サイト名　　　　)

4.DMハガキ　5.広告、記事を見て(新聞、雑誌名　　　　)

上の質問に関連して、ご購入の決め手となったのは?

1.タイトル　2.著者　3.内容　4.カバーデザイン　5.帯

その他ご自由にお書きください。

(　　　　)

本書についてのご意見、ご感想をお聞かせください。

①内容について

②カバー、タイトル、帯について